GÉNÉALOGIE

DE LA FAMILLE

LAMY DE LA CHAPELLE

3

GÉNÉALOGIE

DE LA FAMILLE

LAMY DE LA CHAPELLE

DEPUIS LE PATRIARCHE (1305)

JUSQU'A NOS JOURS (1873)

RECUEILLIE

PAR L'ABBÉ A. LECLER

Membre
de la Société Archéologique et Historique du Limousin

LIMOGES

IMPRIMERIE DE CHAPOULAUD FRÈRES

Rue Montant-Manigne, 7

— A PARIS, 4, RUE HONORÉ-CHEVALIER —

—

1873

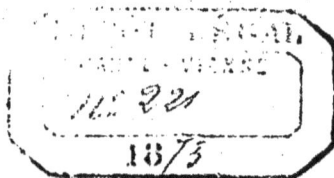

LA VIE

DU

BIENHEUREUX S. GUILLAUME LAMY[1]

PATRIARCHE DE JÉRUSALEM,

Extraite textuellement
de Collin (1672) et de Bonaventure de Saint-Amable (1634).

On tient que le grand saint Athanase, estant encore dans les premières années de sa plus tendre jeunesse, prenoit plaisir à bailler dès lors des présages de sa future grandeur et des excellens services qu'il devoit rendre à l'Église de Dieu, dont les intérests luy estoient plus chers que tout le reste de l'univers. Car, s'attroupant avec de jeunes enfans de son âge et de sa volée, son plus ordinaire divertissement estoit de leur faire, à son innocente mode, des sermons, des catéchismes, des exhor-

---

(1) Autrefois « Amici ».

1

tations, de les conduire en procession, de leur donner la
bénédiction, de contrefaire les cérémonies de l'Église.

Le vertueux et saint Patriarche futur, que la sagesse
divine fit paroistre avec éclat dans l'Église, sous le pon-
tificat de Clément VI et d'Innocent VI, qui tenoit pour
lors le Saint-Siége en Avignon, pratiquoit quelque chose
de semblable dans son âge innocent. Car à peine faisoit-
il paroistre les premiers points de son jugement enfantin,
qu'on le voyoit assembler autour de soy nombre de petits
innocens comme lui, lesquels il invitoit à la prière, leur
faisant de petits sermons ou discours spirituels, que ses
camarades escoutoient et goustoient avec plaisir, et dans
une si rare modestie qu'il sembloit qu'ils fussent autant
de petits anges incarnez, qui escoutoient les beaux en-
seignemens que leur donnoit ce jeune prélat avec une
charité nonpareille qui le faisoit ressembler très-naïve-
ment à un véritable séraphin. Car la théologie nous
apprend que les anges des plus hautes hiérarchies ensei-
gnent, de main en main, ceux qui sont des ordres
inférieurs, qu'ils instruisent, illuminent et perfection-
nent, leur faisant part des brillantes clartés que Dieu
communique avec plus grande abondance à ceux qui
approchent de plus près sa Majesté divine.

Ce noble enfant naquit, l'an 1305, dans la ville de
Limoges. Il eut pour père un honorable habitant de ladite
ville, appelé Jean Lamy, et pour mère damoiselle Anne
de Murmans, sortie d'une des nobles et anciennes familles
du Limosin; tous deux également portez à la piété.
Notre-Seigneur, bénissant leur mariage, l'ennoblit de
trois enfants, Ezéchias, Élie, et Guillaume, qui, comme
un autre David, emporta la palme sur ses autres frères
plus âgés que luy. Il sembloit avoir succé la dévotion
avec le lait, et l'affection et vénération envers la sainte
Vierge. A l'âge de sept ou huit ans, ses parens lui don-

nèrent des maîtres doctes et pieux, pour apprendre la science et la vertu; son bel esprit et son naturel docile lui ouvrirent le chemin à tous les deux. Dans ces premiers essays, il sembloit estre maître, son zèle ne pouvant souffrir ceux qui juroient ou disoient des mensonges sans les corriger. La piété et compassion des pauvres et misérables, qui estoit née avec luy du ventre de sa mère, l'excitoit à retrancher de ses vivres pour les nourrir, et leur confier les présens qu'on luy faisoit en la maison; ce qui touchoit dès lors les cœurs de ceux qui admiroient ses pratiques à la même compassion et aumône. Estant assez avancé en la langue latine, il passa en philosophie, et, ayant fait entendre à ses parens qu'il aspiroit au sacerdoce, on luy permit d'étudier en théologie.

Comme son père vouloit envoyer son fils Guillaume à Paris, pour acquérir une science consommée dans cette fameuse Université, qui a esté durant plusieurs siècles l'oracle des sçavans, la mort empêcha ses desseins; et, estant meur pour le ciel, il y alla prendre place.

La mère, éplorée, retint quelque temps son petit Benjamin au près de soy : toutefois, préférant le bien de son fils à sa propre consolation, elle luy permit d'aller à Paris, où il s'avança beaucoup et dans la science des saints et dans celle des écoles : c'étoient comme deux enfants jumeaux qui croissoient également. Il visitoit les pauvres aux hôpitaux; et, après les avoir instruits aux maximes de la foy, il étendoit sa main pour soulager leur misère. Il ouvroit le sein de sa charité pour servir ceux qui avoient besoin de ses avis ou de son secours pour des affaires d'importance, et même se produisoit en chaire pour convertir les pécheurs et faire marcher les justes dans les sentiers de l'éternité.

Il fit tant de progrès dans l'étude de la théologie et du droit canon, qu'on le considéroit dans cette célèbre Université de Paris, non-seulement comme un homme d'une très-haute vertu, mais encore comme un oracle du droit ecclésiastique ; car ses opinions y passoient pour des réponses très-solides, qui arrestoient et fixoient les pensées et les raisonnemens de tous ceux qu'on estimoit les plus intelligens en ce qui est des maximes sur quoy roule toute l'économie de l'Église ; et il eut assez de bonheur pour réussir dans la conduite de plusieurs très-importantes affaires, que le clergé du Limosin confia à sa prudence et à son zèle pendant tout le séjour qu'il fit à Paris.

Ce flambeau ayant éclairé la capitale du royaume, il estoit raisonnable qu'il communiquât ses lumières et ses ardeurs ailleurs. Et, comme l'esprit de Notre-Seigneur le conduisoit, estant sorty de Paris pour s'en retourner, il eut révélation, proche d'Orléans, de s'en aller au païs Chartrain, où le libertinage avoit depuis peu establi sa demeure. Il suit les mouvemens du ciel, va droit à Chartres, et commence à foudroyer le vice et remettre la vertu sur le thrône avec tant d'efficace qu'en peu de temps il changea cette Babylone en une Jérusalem la sainte, gagnant les esprits à Dieu avec les charmes de ses paroles pleines de l'esprit de Dieu, sa vie prêchant encore plus que son éloquence. Les habitans qui avoient perdu leur pasteur, crurent que celui qui estoit si adroit à donner la pâture du ciel aux âmes achèveroit de sanctifier cette province, s'il avoit le timon en main, et devenoit l'oinct de Notre-Seigneur. Ils font instance vers Pape Clément VI, afin qu'il le leur donnât pour évesque. Il ne put refuser une si sainte requeste, et leur accorda son compatriote comme le gage de ses affections. Le peuple et le clergé estans ravis de leur bonheur, luy seul se cache, de peur d'être opprimé du poids de cette charge. Le Pape estant averty de cela, et qui estoit bien informé de sa bonne vie, luy fit commandement de consentir à son élection et d'avoir soin du troupeau de Jésus-Christ, qu'il avoit racheté de son sang. Il ne put résister à ces oracles du ciel : il faut qu'il subisse le joug qui luy sembloit insupportable; mais, Dieu lui présentant sa main secourable, l'impossible lui devint facile et agréable.

Il faisoit beau voir ce pasteur charitable et zélé pour la gloire de Dieu, quand il arrachoit les épines des péchez et des discordes, soit en public, soit en particulier; quand il visitoit les curez qui dépendoint de sa conduite, et les régloit dans le train d'une vie irréprochable; qu'il subvenoit aux nécessitez des religieux et les encourageoit à porter courageusement le joug suave de Notre-Seigneur pour servir d'exemple à tous; qu'il employoit ses mains à panser les malades, et sa bourse pour chasser leur disette; qu'il consoloit les affligez, aidoit aux veuves, protégeoit les orphelins, et servoit d'azyle et de secours aux misérables.

Celuy qui estoit tout yeux afin de voir et pourvoir aux besoins de ses sujets estoit tout mains pour martyriser son corps, et le réduire en servitude pour servir à l'esprit. Ses disciplines estoient rudes et fréquentes; toute l'année estoit presque un jeûne ordinaire pour luy, et il ceignoit ses reins d'une chaîne de fer, dont les pointes ne luy donnoient pas peu de peine et de travail, au vendredy, pour sentir quelque chose des piqueures du Sauveur, et accompagnoit cette mortification d'un jeûne au pain et à l'eau. Il passoit encore tout le carême dans ces austéritez, ne mangeant rien, durant la semaine sainte, que des herbes; allant amoureusement, le jour du grand jeudy, laver les pieds aux pauvres, et collant pendant tous ces jours les yeux de l'esprit sur l'arbre de la croix, pour y voir expirer son divin Maître; et, se couchant souvent par terre, étendoit ses bras pour imiter

le Crucifié, et baisoit ses playes, versant des ruisseaux
de larmes, dans la considération de ses peines et de son
amour; et, joignant ses disciplines aux coups de sa flagel-
lation, déchiroit ses épaules sans aucune pitié. Et, comme
il portoit dans son corps la mortification de Jésus-Christ,
il conservoit dans son âme et même dans sa chair la
pureté de la Vierge. Son vivre estoit grossier, même dans
ses visites, ne se lassant jamais de consoler ses brebis,
et d'établir la paix et concorde dans les familles.

Or, comme il passoit sa vie dans ces saintes pratiques
de vertu, ayant atteint l'âge de quarante-huit ans ou
environ, le Pape Clément VI vint à mourir, et laissa la
thyare pontificale à Innocent VI, qui estoit de mesme
nation que luy; et, comme il avoit presque toujours vécu
à la cour de son prédécesseur, il estoit tout abbrevé de
la bonne renommée des grands mérites et de la vertu
éminente de nostre Saint : c'est pourquoi il l'appela à soy
pour luy donner des tesmoignages de l'estime qu'il en
faisoit. En effet, il luy offrit le chapeau de cardinal,
lequel il refusa à cause que cette dignité avoit trop d'éclat
et trop peu de travail pour Notre-Seigneur. Il le pressa
d'accepter le patriarchat de Jérusalem, dont le siège
estoit lors à Nicosie en Cypre. Après y avoir résisté par
son humilité, enfin il l'accepta comme un champ de
beaucoup de combats et de coronnes, dans l'espérance
qu'il avoit de pouvoir y rendre plus de services à Dieu
et à sainte Épouse que dans la pourpre; d'autant que,
dans la confusion où la tyrannie de Mahomet avoit réduit
cette misérable Eglise, par les ravages que sa cruauté
barbare y avoit faits, au grand désavantage de notre
sainte religion, les chrestiens les plus zélés se virent
obligez de quitter leur païs natal, pour mettre leur salut
à l'abrit, et chercher d'autres habitations où ils eussent
plus de moyens de se garantir des outrages et mauvais

traitemens des infidèles; et ce fut pourquoy il y eut quantité de familles honorables de la Syrie qui se réfugièrent dans la ville de Nicosie, l'une des plus belles du royaume de Cypre, où l'on avait transféré le siége patriarchal qui jusques alors avoit esté en Jérusalem.

Ayant donc reçu la bénédiction du Souverain-Pontife, après l'avoir prié de prendre soin de son diocèse de Chartres, et de subroger quelqu'autre en sa place, il se mit en chemin, et arriva en Nicosie, et commença, à guise d'un soleil, à épancher de toutes parts les rayons de ses vertus et de sa doctrine : il alloit d'un cours infatigable éclairer les devoyez, fortifier les faibles, encourager les pusillanimes, et frayer le chemin de paradis à tous. Il estoit le père des pauvres, le nourricier des orphelins et la consolation des veuves et des malades. Il procuroit l'ornement des autels, la réparation des églises, l'érection des hôpitaux et le bien universel de son peuple. Il marioit les pauvres filles ou les plaçoit dans des couvens, assistoit avec assiduité et dévotion aux offices divins et aux affaires de son église, et la moitié de la nuit il faisoit un holocauste de soy-même à Notre-Seigneur, s'évaporant comme l'encens dans les ardeurs de sa prière. Ne se contentant pas de soulager les pauvres voisins, estendant bien au loin les effets de sa bénéficace, il envoya à son frère Ezéchias grande quantité de billettes d'or, avec permission du roy Jean, régnant en France, pour les réduire en monnoye, afin de marier beaucoup de pauvres filles, notamment de Limoges, lieu de sa naissance.

Après qu'il fût resté sept ans à Nicosie, on faisoit tant d'estat et de récit des belles actions de notre saint Patriarche à Innocent VI, qu'il devint amoureux de sa vertu; de manière qu'il le voulut voir pour se consoler de la vue d'un si saint homme, et apprendre de sa bouche l'estat de cette misérable Eglise de Syrie et de Jérusa-

lem, pour lors réfugiée et éparse par tout le royaume de
Cypre. Le Saint obéit avec respect à la semonce de son
supérieur. Il se rendit à Avignon, et, ayant rendu compte
au Pape des affaires du païs et reçu sa bénédiction, il
voulut voir ses parens à Limoges, et puis retourner en
son Eglise pour y mourir comme en son lit de fleurs, et
multiplier comme une palme le fruit de ses travaux.
Mais, arrivé à Montpellier, estant pris d'une fièvre vio-
lente, il connut que Dieu n'en vouloit pas davantage de
luy, mais qu'il vouloit au contraire abréger son voyage
pour le placer dans la céleste Jérusalem. Ayant reçu les
sacremens avec grande dévotion, il fit son testament,
par lequel il fonda, des biens de son patrimoine, qui
estoit grand, la vicairie qui porte encore son nom dans la
chapelle de Saint-Thomas de Saint-Estienne de Limoges;
et bientôt sa bénite âme se sépara de ce corps infatigable
pour le service de Dieu, et s'envola dans le ciel le
neuvième de juin 1360, laissant une odeur dans la salle
qui causoit un grand plaisir aux assistans.

Le clergé de Montpellier luy fut rendre ses derniers
devoirs, et faire ses obsèques avec toute la pompe ima-
ginable, et son corps fut porté, avec toute la solemnité
que méritoit sa grande réputation, dans l'église des Pères
Carmes, où il fut enterré. Mais ses parens ne voulurent
être pas privés d'un riche trésor : ils le furent chercher,
et le portèrent à Limoges, dans l'église cathédrale de
Saint-Estienne, où il fut ensevely dans la chapelle de
Saint-Thomas, derrière le grand-autel, où il repose du
sommeil des saints.

Dieu l'a honoré de plusieurs miracles, dont je racon-
terai quelques-uns que l'écrivain de sa vie rapporte.

Le même jour de sa sépulture, frère Annolet estoit si
couvert de lèpre, qu'on le vouloit chasser du couvent,
de peur qu'il n'infectât les autres. Ayant trempé les fleurs

qui estoient sur son tombeau dans de l'eau bénitte, il en lava son corps; et, après avoir prié sur le tombeau du Saint qu'il demandât à Dieu sa guérison, il se leva, comme autrefois Naaman, avec la blancheur d'un enfant. Le même jour, Villate, femme de la même ville, ayant un tonneau dont le vin sortoit par divers endroits, elle fit vœu au Saint, et le tonneau se ferma miraculeusement. Le même jour, la fille d'un homme nommé Rochette, estant agonisante, pria le Saint, et fut guérie. Le sieur Luc, perclus de ses jambes, et ne pouvant se remuer, implora le Saint, et reçut la santé le même jour. Une femme mariée depuis long-temps et stérile impétra un enfant par les prières du Saint: elle le nomma Dieu-Donné. Le 20 juillet, une dame privée de la vue avec une sensible douleur fut guérie par l'invocation du Saint. Frère Guillaume Payen, carme, estant à l'extrémité, se voua au Saint, et, après un doux sommeil, se trouva entièrement guéry. Je laisse plusieurs autres miracles pour abréger, me contentant de dire que, en la translation de son corps à Limoges, les muets reçurent la parole, les sourds l'ouïe, les aveugles la vue, et les malades la guérison. Son premier tombeau chez les RR. PP. Carmes de Montpellier et son église de Chartres exhalent encore l'odeur de ses vertus et de ses miracles. On célèbre sa feste dans l'église de Chartres le 9 de juin, jour de son décez, et ce par l'ordre exprez du Siége apostolique.

EXTRAIT

DE

L'HISTOIRE DE LA VILLE DE CHARTRES

PAR M. DOYEN.

(Ouvrage imprimé à Chartres en 1786.)

83e Evèque de Chartres : **Guillaume Amy, ou d'Amy,** en 1341, siégea huit ans.

Le Pape Clément, qui s'étoit réservé, comme ses prédécesseurs, la collation des évêchés, pourvut de l'évêché de Chartres Guillaume Amy, évèque d'Apt en Provence. Il étoit né en Limosin. Il avoit été abbé de Saint-Victor de Marseille et auditeur en la chambre ecclésiastique et apostolique. Il prit possession par procureur, et ne parut point dans son diocèse. Le Pape le fit cardinal, et, en 1344, il lui donna ordre de couronner Jeanne, reine de Sicile et de Jérusalem : ce fut sur la fin du mois d'août, après que cette princesse eût obtenu du Pape l'investiture de ses royaumes. L'année suivante, 1345, Sa Sainteté l'envoya couronner André, son second mari, roi des mêmes royaumes de Sicile et de Jérusalem. En 1348, le Pape transféra Guillaume Amy au patriarchat de Jérusalem, avec lequel il lui donna l'administration de l'évêché de Fréjus.

Il portoit *de gueules à la colombe d'argent* (1).

---

(1) D'après cet extrait de l'*Histoire de Chartres*, le Patriarche portait déjà les armes que la famille de La Chapelle possède encore.

EXTRAIT DE *LA PARTHENIE*,

OV HISTOIRE DE LA TRESAVGVSTE ET TRESDEUOTE ESGLISE DE CHARTRES,

Écrite, l'an 1609, *par* Me Sebastien ROVLLIARD, *de Melun*, Advocat en Parlement.

———

A deuancier illustre (Aimeric de Chateav-Lvisant) un successeur de mesme, Gvillavme, surnomme d'Amy, Auditeur de Rote en la chambre Apostolique, et familier intisme du Pape Clement cinquiesme, promeu a larche-uesche d'Aix; finalement, lan 1341, transfere en leuesche de Chartres; puis, pour comble dhonneur, receut le titre du patriarchat de Hierusalem. Neantmoins son affection particuliere demoura tousiours vers son Esglise de Char- tres, ores que sa residance ordinaire fust en la Cour de Rome. Le plus grand tesmoignage quil lui en peut rendre fut son dernier eloge, auquel temps, comme disoit un ancien, sortent de la bouche des paroles sans feinte. Car il lui legua par icelui tous les ornemens pontificaux, de satin, de violet, descarlatte, auec des liepards dor, et autres riches ioyaux. Il gist a S.-Marie-Maieure, et plus communement est repute pour sainct.

Le suit en ordre Lovys de Vavcemain; car Bertrand, auquel le tiltre de lan 1346 donne qualite dEuesque de Chartres, se doit entendre de simple suffragant, pour labsennce dudit Guillaume, qui faisoit residence actuelle dans la cour du Saint-Pere.

EXTRAITS D'ANCIENS AUTEURS

RELATIFS AU PATRIARCHE.

M. Allou, ingénieur au corps royal des mines, dans sa *Description des monuments du Limousin*, publiée en 1821, consacre un passage au patriarche Lamy. Voici ce passage :

« On trouve dans les manuscrits de Nadaud la copie d'une inscription de l'église de Saint-Jean-en-Saint-Étienne, sous la date de 1312 ; elle se rapportait à une fondation de messes faite par un membre de la famille des Lamy, qui avait constitué pour cet effet une rente de seize sols. Nadaud nous a aussi conservé l'épitaphe du patriarche Lamy, de la même famille, qui existe encore aujourd'hui. Sa statue se voyait autrefois au-dessus du Portail-Imbert, à côté de la maison située à gauche en descendant, et qui appartenait alors à sa famille. »

En effet, un manuscrit faisant partie de la bibliothèque du séminaire de Limoges nous apprend que, avant la révolution de 1793, dans la chapelle de Saint-Thomas, en l'église de Saint-Étienne, une inscription en forme d'épitaphe était gravée en latin sur une table d'airain, derrière la statue du Patriarche. Voici cette inscription :

GUILLAUMUS AMICI, EX URBE LEMOVICENSI ORIUNDUS, PATRIARCHA IEROSOLIMITANUS ET FORO JULIENSIS QUONDAM EPISCOPUS, VIR PIETATE INSIGNIS ET MIRACULIS

CLARUS, APUD MONTEMPESSULANUM, EX HAC VITA EXCE-
DENS, EMIGRAVIT IN CŒLUM DIE NONA MENSIS JUNII ANNO
MILLESIMO TRIGENTESIMO SEXAGESIMO ; CUJUS CORPUS
SACRUM , CUM PRIMUM IN TEMPLO SANCTÆ MARIÆ DE
CARMELO HONORIFICIS EXEQUIIS ECCLESIASTICÆ SEPUL-
TURÆ MANDATUM ESSET, POST ALIQUOD TEMPUS, JUXTA
SUÆ PIÆ VOLUNTATIS ULTIMUM ELOGIUM , IN ECCLESIAM
LEMOVICENSEM TRANSLATUM, IBIDEM IN SACELLO SANCTI
THOMÆ NUNCUPATO CELEBERRIME CONDITUM EST, BEATAM
CUM SANCTIS RESURRECTIONEM EXPECTANS.

Cette épitaphe s'était perdue, et M. de Voyon en avait
fait une autre à la suite de l'éloge du bienheureux
Patriarche.

Nous trouvons dans le même manuscrit qu'une inscription gravée sur une lame de cuivre était attachée au mur
collatéral, en face du tombeau, dans la chapelle de
Saint-Thomas. En voici la copie :

« AD PERPETUAM REI MEMORIAM.

» Illustrissime et révérendissime Guillaume Lamy, qui
fut auditeur de la rote dans la cour de Rome, puis évesque
de Chartres , administrateur perpétuel de Fréjus et patriarche de Jérusalem, mourut à Montpelié le 9 juin 1360,
et son corps fut transporté à Limoges , suivant sa der-
nière volonté, et enseveli dans ce monument dans la
chapelle de Saint-Thomas, où il fonda sa vicairie. »

Ce même manuscrit nous dit : « On voit sur la façade
d'une maison, au Portail-Imbert, une statue en pierre
représentant un évesque en habits pontificaux, assis sur
son trône. Sur l'imposte en pierre de la porte d'entrée
est gravé le mot *Veritas*, qui paraît être la devise du
Patriarche. »

On y voit aussi que « le vénérable Bardon de Brun avoit relevé une partie des miracles du Patriarche, et les avoit fait graver, au commencement du XVIIe siècle, sur une lame de cuivre que l'on attacha à la muraille, à la prière d'une vertueuse dame de Limoges, laquelle croyoit que son fils, abandonné des meilleurs médecins, avoit été remis en santé par l'entremise du bienheureux Patriarche, qu'elle avoit réclamée pendant son agonie. Sur une banderolle, à côté des miracles, le vénérable Bardon de Brun avoit fait graver ces deux inscriptions.

« MULTI DICUNTUR AMICI :
» MAJIS AMICA VERITAS. »

« AMICUS DIMIDIUM ANIMÆ. »

Une inscription placée dans l'église de Saint-Pierre, dans l'ancienne chapelle des fonts baptismaux, au-dessus de l'urne où sont déposées les cendres du vénérable Bardon de Brun, nous apprend que le chef du bienheureux Patriarche a échappé à la fureur et au feu des vandales de 93. Voici cette inscription :

« Dans cette urne est renfermé le chef du bienheureux patriarche Lamy, qui, jeté avec beaucoup d'autres ossements au milieu d'un feu allumé, dans l'église de Saint-Etienne, par les vandales, en 1793, fut plusieurs fois rejeté par les flammes. Ce que voyant, un sonneur le ramassa pieusement, et le remit à une sœur de Charité, qui elle-même en fit cadeau à la Compagnie des pénitents noirs de Saint-Pierre. C'est pourquoi nous l'avons religieusement conservé et enfermé dans l'urne des cendres du vénérable Bardon de Brun, le 3 mai 1811, jour de l'Invention de la Sainte-Croix, dans cette chapelle où nous faisons nos offices. »

La famille Lamy de La Chapelle possède encore et conserve pieusement, dans la chapelle de la propriété de Condadille, des reliques du bienheureux Patriarche.

Elie Lamy, frère du Patriarche, fut chanoine à l'église de la Cité de Limoges, comme le prouve ce passage des Annales du Limousin, par Bonaventure de Saint-Amable (1373) :

« Il n'y avoit lors aucun ornement dans l'église avec lequel on pût célébrer honorablement une messe. Il n'y avoit que quatre chanoines résidant dans la Cité et y vivant très pauvrement; à sçavoir : Mathieu de Feletin, Hélie Lamy, Pierre de Superbosco (1), et Pierre de Lubersac. »

----

(1) Soubrebost.

EXTRAITS DIVERS

DU RECUEIL DES HOMMAGES RENDUS AUX ÉVÊQUES
DE LIMOGES
ET AUTRES DOCUMENTS RELATIFS
A LA FAMILLE LAMY DE LA CHAPELLE.

— SA GÉNÉALOGIE. —

« Le vendredi après la grande fête de saint Martial
1339, Bernard de Montvallier, de Saint-Junien, reconnoît
tenir une partie de ce que ses prédécesseurs tenoient
à foy et hommage sous la capte de 40 sols, savoir..... »

Acte signé : PAULUS DE MONS.

« Le 31 octobre 1396, vénérable Mᵉ Jean Amici, licensié, comme curateur de Ytier de Montvallier, son ayeul
maternel, reconnoît tenir de R. P. en Dieu monsieur
Bernard, seigneur Évesque de Limoges, à hommage
litge et serment de fidélité : la dixme des vins et du
bled, etc., etc. »

Acte signé : ROBERTI.

« Le 5 novembre 1396, Mᵉ Jean Amici, licensié, comme
curateur de Ytier de Montvallier, étant à genoux, les
mains jointes, sans cape, ceinture, épée, ni manteau,
dispensé par grâce de se mettre en tunique, fait à M. Bernard, Sʳ Évesque de Limoges, hommage litge et serment
de fidélité pour tout ce que ledit Ytier de Montvallier

tient en fief du seigneur Évesque, en la ville de Saint-Junien et ailleurs, dont il fournira dénombrement dans quinze jours. »

Signé : PESTADA.

« Le 24 novembre 1464, Jean Lamy, damoiseau, comme héritier de Ytier de Montvallier, son ayeul maternel, reconnoît tenir du seigneur Évesque, à hommage lige et serment de fidélité, et sous la capte de 30 sols, à mutation de part et d'autre :

» 1o Le tiers de la dixme du lin et chanvre, etc., etc. »

Acte reçu par MONTGONIS.

« Quatre hommages en parchemin, rendus à Mre de Château-Morand, par Jean Lamy, escuyer et lieutenant particulier, de deux reconnoissances des 18 juillet 1464-1475-1464 et 1447. »

« Le 17 juin 1493, Mes Léonard et Jean Lamy, freres, enfants et héritiers de feu noble Jean Lamy, héritier universel de feu Ytier de Montvallier, son ayeul maternel, étant à genoux, les mains jointes, etc., etc. »

Acte signé : DE CHARTONIS.

« Le 17 avril 1531, honorables et nobles Mes Jean Lamy, avocat au parlement de Bordeaux, et autre Jean Lamy, enfants de feu Me Jean Lamy, escuyer, comme ayants-droit des héritiers de feu noble Léonard Lamy, greffier de la sénéchaussée du Limousin, son frère, héritier universel dudit feu Me Jean Lamy, son pere; ledit avocat, à cause de la gravité de sa personne, étant debout, nu-tête, et vestu de grace spéciale; et l'autre étant à genoux, les mains jointes, etc., etc., font au Vicaire général de Mr Antoine de Tende, Évesque de Limoges, hommage lige, etc., etc. »

Signé : DANGRESAS.

2

« Le 9 juillet 1533, M⁰ Jean Lamy, greffier au sénéchal
du Limousin, fils de feu M⁰ Jean Lamy, comme ayant-
droit des héritiers de feu M⁰ Léonard Lamy, écuyer,
aussi greffier en ladite sénéchaussée, son frere, héritier universel dudit feu M⁰ Jean Lamy, son pere, et autre Jean Lamy, contrôleur de la ville de Saint-Junien,
comme ayant-droit de vénérable M⁰ Jean Lamy, avocat
au parlement de Bordeaux, étant à genoux, les mains
jointes, etc., etc., fait à Mr Jean de Langeac, Évesque de
Limoges, etc., etc. »

(Acte non signé.)

« Le 15 juin 1542, a comparu Jean Lamy, contrôleur
de Saint-Junien, qui a dit que lui et M⁰ Jean Lamy, greffier, son frère, tiennent ladite seigneurie de Montvallier,
et a fait hommage, tant que lui touche, et a été reçu sans
divisions, etc., etc. »

(Sans signature.)

« Le 9 mars 1561, nobles Jean Lamy, procureur au
présidial de Limoges, et Jean Lamy, son frere, contrôleur de la ville de Saint-Junien, seigneurs du fief noble
de Montvallier, étant à genoux, etc., etc., font à Mr de
L'Aubespine, seigneur Évesque de Limoges, hommage,
etc., etc., à raison du fief noble de Montvallier. »

Signé : PELACP.

« Le 9 mars 1561, nobles Jean Lamy de Montvallier,
seigneur de Maziere, et M⁰ Jean Lamy de Montvallier,
juge de la ville de Solomniac, freres, reconnoissent tenir
du sieur Évesque de Limoges, sous hommage litge,
etc., etc. :

» 1⁰ La dixme des petits-bleds, etc. »

Signé : BUELY.

La famille possède encore trois lettres de sauvegarde ou de congé données en faveur de divers Lamy. Deux de ces parchemins ont été déchiffrés par l'honorable M. Maurice Ardant, archiviste du département et membre de la Société Archéologique du Limousin. Nous devons parler ici du premier : les autres prendront la place assignée à leur date.

« De par Monseigneur duc d'Anjou et du Bourbonnay, fils et frere du Roy, et son lieutenant général, le représentant en personne par tout son royaume et pays d'obéissance :

» A tous gouverneurs des provinces, lieutenans généraux, maréchaux de camp, capitaines, chefs et conducteurs de gens de guerre, tant de cheval que de pied, de quelque nation qu'ils soient, maréchaux des logis, fourriers d'yceux, commissaires commis et a commettre pour faire establir les logis desdits gens de guerre estant et qui seront cy apres à la soulde et service du Roy notre treshonoré seigneur et frere, commissaires généraux des vivres du camp et armes que nous conduisons comme général, qu'il appartiendra, souscrivons, scavoir faisons que, nous inclinant à la supplication et requeste qui faicte a nous a été par le Sr de Massey, chevalier de l'ordre du Roy notre seigneur et frere, et capitaine de cinquante hommes d'armes de ses ordonnances, et commandant, pour le service de Sa Majesté, en la ville de Limoges et pays du Limosin en l'absence du Sr des Cars, en faveur de nos chers et bien aimés Jean et Gabriel LAMY, escuyers, seigneurs de Malicroix et autres places, ledit Gabriel homme d'armes de la compagnie du Sr de Merinville, Nous défendons tres-expressément, en vertu de notre pouvoir, qu'en leur maison et seigneurie dudict Malicroix et autres seigneuries, maisons leur appartenant et dépendant, quelque part qu'elles soient situées et assises, soit dans la ville de Saint-Junien qu'autres lieux circonvoisins, les Srs LAMY n'aient à loger ni souffrir loger aucuns desdicts gens de guerre, ny y serrer, ny prendre, enlever, ny fourrager aucuns bleds, vins, foin, pailles, avoyne, lards, bestial, meubles, ustensiles, ny autres choses quelconques, ny pareillement par nos commissaires et autres susdicts de faire prendre sur lesdicts LAMY aucune fourniture de pain et autre commodité pour la nourriture des autres armées, sauf a les payer, et pour l'advenir surtout qu'ils craignent desobéir au Roy notre seigneur et frere, d'encourir son indignation et la nostre, de tout ce nous avons enjoint, pris et mis, prenons et mettons lesdicts LAMY, leurs familles, et généralement tout ce qui leur appartient, sous la protection et sauvegarde de nostre seigneur et frere. Nous leur permettons faire faire un panonceau et armoirie en tel endroit de leurs seigneuries et maisons et autres lieux que bon leur semblera, et, en signe et mémoire de cette nostre protection et sauvegarde, à ce que aucun ne préten. à cause d'ignorance et ne soit sy osé et hardy de les enfreindre sous peine de tresrigoureuse punition, correction et chastiment exemplaire à tous à l'advenir.

» Donné au camp du Petit-Limoges, le onzieme jour de juin mil cinq cent soixante neuf.

» Signé : HENRY. »

Et plus bas :

« Par mon dict seigneur duc, fils et frere de Roy :
» CHARLES. »

Bien que les Lamy portassent le titre d'Écuyer, et fussent reconnus nobles depuis l'an 1335, époque à laquelle Jean Lamy fut maire de La Rochelle, comme nous le

verrons dans la Généalogie, le roi Charles IX, par lettres-
patentes que possède la famille, anoblit Jean et Gabriel
Lamy, pour leurs services et leur bravoure dans les
guerres de religion. Voici la copie des lettres-patentes,
déchiffrées par M. l'abbé Cirot de Laville, membre dis-
tingué de la Société Archéologique de Bordeaux :

« CHARLES, par la grâce de Dieu, Roy de France, à
tous présens et à venir salut :

» Comme de treshaute et treslouable mémoire nos
prédécesseurs Roys, voulant honorer vertu et grandement
eslever les hommes vertueux, spécialement quand ils se
sont employés pour le service d'eux et de leur couronne,
ensemble de la chose publique, ayant voulu décorer ceux
qu'ils ont connus être bien vivans, qui par effet ont suivi
et aimé vertu et honneur, et les élever en qualité digne et
correspondant à leurs vertus et mérites, et en faisant
jouir ensemble leur postérité des priviléges et prérogatives attribués à noblesse, afin de leur donner meilleure
occasion de persévérer et continuer à servir d'exemple
aux autres, pour les imiter et en suivre l'espérance de
parvenir a telles dignités, honneurs et prérogatives, en
suivant lequel exemple et pour imitation d'icelui, étant
deuement advisés et certiorés de bonnes mœurs, vertus
et probités de vie louable, qualités et mérites qui sont
en personnes de nos chers et bien aimés, *Jean et Gabriel*
LAMY, *seigneurs de Mézières et de Montvallier*, lesquels se
sont bien et vertueusement employés pour le service de
Nous et de nos prédécesseurs Roys, quant au fait des
guerres mémorables par Gabriel, en la compagnie du
Sr de Merenville, dans laquelle il étoit homme d'armes
durant tous les troubles derniere, comme de ce il nous a
fait appareoir, soutenant vaillamment notre parti, et de la

dévotion et affection singuliere qu'ils ont en tout ce qui leur sera commandé, ou qu'ils se pourront être bons et propres à notre service, sans y épargner leurs personnes et leurs biens, désirant les reconnoître, ensemble les autres bonnes vertus et qualités qui sont en eux-mêmes, qu'ils ont toujours, et devant honnorablement rester en tresbonne réputation. POUR CES CAUSES et autres bonnes considérations à ce nous mouvant, désirant extoller et élever lesdits LAMY *frères, leurs enfans, femmes, posté-rité et lignée mâle et femelle nés et à naître, descendus d'eux ou de l'un d'eux en loyal mariage;* deuement informé des biens qu'ils ont pour maintenir et entretenir l'état de noblesse, avons, de notre grâce spéciale, pleine puissance et autorité royale, anobli et anoblissons, et du titre d'honneur et de noblesse, décoré et décorons; voulons et nous plait que, en tous leurs faits, actes et négoces, ils soient doresnavant connus, censés et répu-tés pour nobles en toutes places tant en jugement que (guerre), et aussi qu'ils jouissent et usent de tous privi-léges, franchises, exemption, prérogatives, préemi-nences et honneurs dont jouissent et usent et ont accou-tumé jouir et user les autres nobles de notre royaume, et que lesdicts LAMY, ensemble leur postérité et lignée, puissent (acquérir) toutes sortes de fiefs et terrains nobles de quelque qualité qu'ils soient, et ceux qu'ils ont déjà acquis et qui leur pourront écheoir et advenir, soit par droit successif, acquets et mariages, donations faites (entre) vifs ou autrement, tenir, posséder et en jouir et user pleinement et paisiblement tant même que si d'ancienneté ils étoient nés et extraits de noble lignée sans qu'ils soient contraints de les vendre, alié-ner ny mettre hors de leurs moyens en quelque maniere que ce soit, ny que pour eux ils soient tenus payer à nous ny nos successeurs Roys aucune finance ou indemnité de laquelle, à quelque somme, valeur et estimation qu'elle soit ou se puisse monter. Nous, en considération de leursdicts services, avons à féaux LAMY, leurdicte lignée et postérité, de notre grâce, science, puissance et autorité royale, faict et faisons don par ces présentes, signées de notre main, *par lesquelles donnons en mandement* à nos amis et féaux les gens de nos comptes à Paris et gens tenant notre cour des aydes et finances audict lieu, gouverneur, sénéchal du Limosin, et à tous nos autres justiciers, officiers, et chacun d'eux si comme à lui appartiendra, que de nos présentes grâces d'anoblissement, don de finance, et de tout le contenu en ces présentes lettres, ils fassent, souffrent et laissent lesdicts LAMY et leurs enfans, postérité et lignée nés et à naître, jouir et user pleinement et paisiblement perpétuellement, cessant et faisant cesser tous troubles et empeschements ou contests, lesquels soient faicts ou ordonnés en cour....., incontinent et sans délai, à pleine et entière delivrance....., faire et souffrir, contraignant et faisant contraindre tous ceux qu'il appartiendra, et qui pour ce feront contraindre par toutes voies et manières dûes et raisonnables par rapport à ces présentes ou derivant d'ycelles. Fait sous scel royal pour une fois, auquel voulons foy être ajoutée comme au present original. Reconnoissance des Srs LAMY sur ce suffisante de la jouissance du contenu cydessus. Nous voulons celuy ou ceux de nos recepveurs et comptables à qui ce pourra toucher, acquitter et décharger partout où il appartiendra sans difficulté, car tel est notre plaisir, nonobstant que la somme à laquelle se pourroit monter ladicte finance ne soit cy autrement (spécifiée et déclarée) que n'ayons accoutume faire tels, et sembler donner que pour la moitié les ordonnances tant anciennes que modernes faites sur les ordres et distribution de nos finances et apports du trésor (*mot illisible*) du Louvre à Paris, et quelconques autres ordonnances, restrictions, mandemens et deffences a ce contraires, auxquelles ensemble a la dérogation de la dérogation y contenue nous avons pour cette fois dérogé et dérogeons par ces présentes lettres. Et, afin que ce soyt chose ferme, stable et à toujours, nous y avons fait mettre notre scel, sauf en cause d'user notre droit, en l'oter ni en toucher.

» Donné, à Paris, au mois de septembre l'an de grâce mil cinq cent soixante-dix, et de notre regne le dixieme. »

» (Signé) CHARLES.

» Par le Roy :
(*Signature illisible*) (1). »

Congé donné par le Sr de Mortemart à Gabriel Lamy, Sr de Montvallier :

« René de Rochechouart, seigneur de Mortemart, chevalier de l'ordre du roi, conseiller en son privé conseil, capitaine de cinquante hommes d'armes de son ordonnance, certifions à tous gouverneurs, lieutenans généraux, capitaines, conducteurs et chefs de gens de guerre, tant de cheval que de pied, gardes des portes, ports, ponts et passages et autres qu'il appartiendra, que Gabriel Lamy de Montvallier, Sr de Mézières, est archer de notre compagnie, lequel s'en va à sa maison pour ses affaires; et vous prions le laisser librement passer avec ses chevaux et armes, sans lui donner au-

---

(1) Les mots entre parenthèses ont été rétablis par M. l'abbé Cirot de Laville. — Cet important document manuscrit, signé de la main du roi Charles IX, est entre les mains de Théophile Lamy de La Chapelle, l'aîné de la famille.

cun trouble ni empeschement, ains (1) lui prêter confort et aide si metier est, promettant d'en faire le semblable en votre endroit.

» Fait à notre camp devant la Rochelle, ce 13 mai 1573 de l'Incarnation de J.-C.

» Signé : MORTEMART. »

« Du 1er novembre 1575, jugement sénéchal, signé DUBOYS, *lieutenant général*, et BUEILLY, *greffier*, par lequel Gabriel Lamy, escuyer, seigneur de Mazière, est exempt de la nomination faite en sa personne du consul de Saint-Junien, avec l'intimation. »

Signé : PÉRIGORD, sergent royal.

Copie de la sauvegarde accordée par Sa Majesté à un Lamy, le 20 mars 1642 :

« A tous nos lieutenans généraux en nos armées de nos provinces, maréchaux de France et de nos armées, colonels, mestres de camp, chefs et conducteurs de nos gens de guerre, tant de cheval que de pied, de quelque langue, nation qu'ils soient, maréchaux des logis de nos camps et armées, fourriers d'iceux, commis et à commettre à faire le département et logement de nos gens de guerre, et à tous autres nos officiers et .... qu'il appartiendra, salut. Voulant gratifier et favorablement traiter notre cher et bien aimé le Sr Lamy, notre conseiller et lieutenant criminel en l'élection de Limoges, pour les considérations de ses services, nous défendons tres-expressément de loger aucuns de nos gens de guerre dans les maisons et métaieries situées dans ses appar-

_____

(1) Mais.

tenances, ny prendre fourrage, ny enlever aucune chose généralement quelleconque, ayant par la présente, signée de notre main, pris et mis, prenons et mettons en notre protection et sauvegarde spéciale. Pour témoignage de quoi nous avons permis et permettons de faire mettre ces choses aux lieux et endroits les plus éminents de ses maisons, nos armes, panonceaux et bâton royaux, à ce que nul n'en prétende cause d'ignorance. Et, si aucuns étoient si osés d'y contrevenir, nous mandons et enjoignons tres-expressément aux prévots de nos cousins les maréchaux de France et de nos bandes armées, ou au premier juge royal sur ce requis, de se saisir des contrevenants, et de faire telle et si sévere punition, que l'exemple leur serve à maintenir les autres dans leur devoir, à peine d'en répondre en leur propre et privé nom. Car tel est notre plaisir.

» Donné à Narbonne, le 20e jour de mars, l'an de grâce 1642, et de notre règne le trente-deuxième.

» Signé : LOUIS. »

Et plus bas :

« Par le Roy :

» BOUTHILLIERS. »

Et à côté, scellé aux armes : trois fleurs de lis.

« Le 8 mai 1651, Sr François Lamy, seigneur de Montvallier, vigier de la ville de Saint-Junien, à genoux, fait à Mr François de La Fayette, Sr Evesque de Limoges, le dénombrement, etc., etc. »

Signé : CHAZAUD.

« Le 16 février 1665, Mr F. de La Fayette, Sr Evesque de Limoges, cède pour 100 livres, à Me Jean de Malledent, conseiller au présidial de Limoges, le droit de prestation à 3 s. 4 d. pour livre à raison des ventes faites

par Jean Lamy, écuyer, de sa portion de la maison de
François Lamy, son père; et par Marie Lamy, de sa part
et portion du fief de Montvallier; lesdites choses ven-
dues relevant presque toutes de la foy et hommage du
dit Sr Évesque. »

Signé : CHAZAUD, notaire royal.

« Le 20 mars 1738, Jean Lamy, écuyer, seigneur de La
Chapelle, demeurant à Limoges, près l'église et paroisse
de Saint-Michel-des-Lions, s'étant mis à genoux, les
mains jointes sur le livre, tête nue, sans épée, ceinture,
ni éperons, fait au procureur de Mr Benjamin de L'Ile-
du-Gast, seigneur Évêque de Limoges, sa foi litge et
hommage, qu'il lui doit à cause du fief noble et seigneurie, sans aucune justice, de La Chapelle, à lui appartenant en propriété, du chef du sieur de La Chassaigne,
son oncle maternel; le susdit fief situé au lieu de La
Chapelle, paroisse du même nom, relevant de l'évêché
de Limoges, à cause de la châtelainie du pont de Noblat,
à la charge, par ledit sieur Lamy, de fournir, dans les
40 jours, l'aveu et dénombrement du susdit fief de La
Chapelle, et de payer tous droits et devoirs seigneu-
riaux qui se trouveront dus, à peine de saisie. »

(Acte reçu par BARDY.)

On lit dans le manuscrit du séminaire de Limoges dont
il a été déjà question :

« Hélie Lamy étoit chanoine dans la cathédrale de
Saint-Estienne en 1391, trente-un ans après la mort
du Patriarche.

» Après lui, furent Mes François et Jean Lamy, esleus
par le Roy au haut pays du Limousin. François vivoit
l'an 1524, et laissa Jean, son fils, aussi eslu. Sa maison

estoit celle qui estoit au Portail-Imbert, où est la statue
du Patriarche.

» Jean laissa : Étienne Lamy, prévôt de Limoges, auquel appartenoit la maison du roi de Navarre, qui est à
présent celle des Thrésoriers; Peyronne Lamy, et Marie
Lamy, femme de Me Paul de Gay, conseiller du Roy ; elle
fut mère de Martial de Gay, qui fut président et puis
lieutenant général. »

L'*Histoire du Limousin*, par M. Barny de Romanet,
parle d'un autre Lamy, qui harangua la reine Marguerite
à son entrée à Limoges; voici le passage qui en fait
mention :

« Le 28 décembre 1537, Marguerite, reine de Navarre,
vicomtesse de Limoges, fit son entrée dans cette ville.
Les consuls, accompagnés des plus notables bourgeois et
des jeunes gens de qualité de la ville, à cheval, vêtus de
casaques de velours noir et de pourpoints de satin, furent
au-devant de la princesse. On la rencontra près du pont
de l'Aurence, et ce fut là que M. Jean Lamy, consul, harangua S. M. Elle entra par la porte Mont-Mallier, où elle
fut saluée par l'artillerie des forts et des remparts.

» Le clergé, en procession, vint la recevoir à cette
porte, d'où elle s'achemina vers Saint-Martial, puis
vers la Cathédrale. Pendant tout ce trajet, les consuls
portèrent sur la litière de la reine un dais de satin blanc,
orné des armes de Navarre. Entre autres présents que
les consuls firent à S. M., on remarqua celui d'une bar-
rique de vin muscat, chose très-rare en Limousin dans
ce temps-là. Trois jours après, le roi de Navarre arriva
à Limoges, où on lui fit une réception digne de son
rang. »

» Il est aussi question d'un François Lamy, dont le nom

et la date de naissance (1540) se trouvent écrits en plusieurs endroits sur les marges d'une Bible manuscrite sur vélin, que possède la famille. Cette Bible, de la fin du XIIe siècle, est remarquable par la netteté de l'écriture, la variété et la richesse des vignettes, qui dénotent chez l'auteur anonyme un goût exquis qui ne s'est pas démenti pendant les longues années qu'il a dû consacrer à l'achèvement de ce petit chef-d'œuvre.

GÉNÉALOGIE

DE LA FAMILLE.

La partie la plus reculée de cette généalogie étant établie sur des documents contradictoires, manquant de suite, ayant peu de dates, nous avons pensé que la généalogie de la famille Lamy de La Chapelle devait être divisée en deux parties : la première, depuis le Patriarche Lamy jusqu'en 1500; la seconde, depuis 1500 jusqu'à nos jours (1).

PREMIÈRE PARTIE.

DEPUIS LE PATRIARCHE JUSQU'EN 1500.

§ 1.

I. — Jean Lamy, habitant la ville de Limoges, épousa Anne de Murmans, d'une des nobles et anciennes familles du Limousin.

---

(1) Nous ne sommes pas encore arrivé à trouver le point de jonction entre les deux parties de la généalogie.

Selon Collin, théologal de Saint-Junien, dans la Vie du Patriarche, qu'il a écrite en 1672, Jean Lamy et Anne de Murmans eurent pour enfants :

1º Ézéchias ;

2º Élie : on trouve un Élie Lamy chanoine de la cathédrale de Limoges en 1373 et 1391 ;

3º Guillaume, le patriarche.

Mais, selon une généalogie conservée dans la famille Lamy de La Chapelle, leurs enfants furent :

1º Guillaume Lamy, patriarche de Jérusalem, qui naquit en 1305, et mourut en 1360 ;

2º Mathieu, *qui suit.*

II. — Mathieu Lamy eut pour fils :
1º Jean, *qui suit.*

III. — Jean Lamy fut maire de La Rochelle en 1335, puis là gentilhomme (1). Il avait épousé Paule de Juge, qui se remaria, en 1340, avec Hugues d'Adhéma de Monteil de La Garde. (*Lettre de M. Gustave Bardy.*)

Leurs enfants furent :

1º Horace, *qui suit ;*

2º Charles ;

3º Victurnien ;

4º Alpinien ;

5º Autois ;

6º François.

---

(1) On remarquera que les Lamy, à cette époque (1335), étaient nobles, et portaient le titre d'écuyer, par conséquent bien avant les lettres-patentes de Charles IX que possède la famille.

Ces six frères eurent un procès avec Charles de Cur-
bon en 1428. Ils décédèrent sans hoirs (héritiers), sauf
Horace.

IV. — Horace Lamy eut pour fils :

V. — Jean Lamy, écuyer, seigneur de Montvallier, qui
eut pour fils :

VI. — Jean Lamy, écuyer, dont Jean, *qui suit* :

VII. — Jean Lamy, notaire royal : par son testament, il
constitua héritier Léonard, son fils aîné, et fit legs à ses
autres enfants.

Ce sont :
1o Léonard, *qui suit*;
2o Jean, rapporté § 2;
3o Autre Jean, rapporté § 3 ;
4o François, rapporté § 4;
5o Joseph, rapporté § 5;
6o Autre Léonard, qui eut pour fils Mareil, mort sans
postérité.

VIII. — Léonard Lamy, greffier de Limoges, eut pour
fils Jean, *qui suit :*

IX. — Jean Lamy, référendaire et conseiller à la Cour,
vendit sa part du fief de Montvallier. Il n'eut qu'une fille.

§ 2.

VIII *bis*. — Jean Lamy, juge de Solignac; Jean Lamy
et autre Jean Lamy, son frère, reconnurent, le 15 juin
1542, tenir la seigneurie de Montvallier à foi et hommage.

Le 9 mars 1561, noble Jean Lamy, procureur au présidial de Limoges, et Jean Lamy, son frère, contrôleur de la ville de Saint-Junien, seigneur du fief de Montvallier, font à M. d'Aubespine, seigneur Évêque de Limoges, hommage à raison du fief de Montvallier. — Signé : PELAGP. — (*Hommages rendus aux Évêques de Limoges.*)

Jean eut pour fils :

1º Jean Lamy, juge de Nieul, qui suit après son frère François ;

2º François, *qui suit.*

IX. — François Lamy, aussi juge de Solignac. Il eut pour fils Melchior, qui mourut sans enfants (1). (*Testament du* 13 *août* 1613.)

IX *bis.* — Jean Lamy, juge de Nieul, eut pour fils Jean, *qui suit.*

X. — Jean Lamy, Sʳ de Boisrosier, procureur au siège royal de Limoges, alla s'établir à Saint-Junien, au commencement du XVIIᵉ siècle ; il résidait à sa maison de campagne, appelée autrefois Boisrozier, et aujourd'hui Beaugy. (*Chronique de Maleu*, p. 209.)

§ 3.

VIII *ter.* — Jean Lamy, contrôleur à Saint-Junien, vivait en 1549 et 1571. (Voir son frère, Jean Lamy, au VIII *bis.*)

----

(1) Un Melchior Lamy était chanoine de l'église collégiale de Saint-Junien en 1696.

Il eut pour enfants :

1º Jean Lamy, Sʳ d'Agris, chanoine de Saint-Junien, en 1572 (1);

2º Gabriel Lamy, Sʳ de Mazières, homme d'armes de la compagnie du Sʳ de Mérinville; le 19 octobre 1574, il était archer de la compagnie du duc de Mortemart, devant le camp de Lusignan. (NADAUD, *Nobil. manusc.*)

Ces deux frères eurent des lettres de noblesse de Charles IX, datées du mois de septembre 1570. Ils firent leurs héritiers Jean Lamy, juge de Nieul, leur neveu, et Martial Lamy, Sʳ de Mazières, leur petit-neveu.

§ 4.

VIII *quater*. — François Lamy, lieutenant particulier (voir ses frères VIII *ter*, VIII *bis* et VIII), eut pour enfant Joseph, *qui suit*.

IX. — Joseph Lamy, lieutenant particulier, qui eut pour fils :

------

(1) En 1571, ce Jean Lamy et François Singaveau furent envoyés à la Cour, l'un par la commune, et l'autre par le chapitre, pour supplier le Roi de délivrer quelques prisonniers de guerre. Ils obtinrent du Roi et de son conseil ce qu'ils désiraient. Le chanoine Jean Lamy était un des hommes les plus distingués du Limousin. Il mourut le 15 mars 1589, et fut enseveli à l'entrée du chœur de l'église, où l'on voyait autrefois, sur une plaque de cuivre, avec les armoiries du défunt, l'inscription suivante :

HIC JACET DOMINUS JOANNES
LAMY, HUJUS ECCLESIÆ CANONICUS
QUI ULTIMUM VITÆ SPIRITUM
EMISIT, DIE DECIMA TERTIA
MARTII, ANNO DNI MILLESIMO
QUINGENTESIMO OCTOGESIMO
NONO. ORA PRO EO.

(*Chron. de Maleu*, p. 209.)

1º Martial Lamy, aussi lieutenant particulier, *qui suit* ;

2º Autre Martial Lamy, Sr de Mazières, qui suit après son frère et sa postérité.

X. — Martial Lamy, conseiller du roi, lieutenant particulier, vivait en 1598; il eut pour fils Étienne, *qui suit* :

XI. — Étienne Lamy, lieutenant criminel en l'élection de Limoges, eut pour enfants :

1º Joseph, mort le jour de sa naissance ;

2º Autre Joseph, mort à l'armée ;

3º Jean, *qui suit* ;

4º Étienne ;

5º Jacques, religieux à Grandmont ;

6º Mathieu, mort étant écolier ;

7º Martial, marié, à Saint-Junien, avec Marie Lamy, fille de François Lamy, Sr de Mazières. Ce Martial eut pour fils :

a. Jean, décédé en 1685, étant écolier ;

b. Étienne, juge-vigier de la police de Saint-Junien ;

c. Gabriel, Sr de Montvallier ;

d. Jeanne ;

8º Quitterie.

XII. — Jean Lamy (troisième des enfants d'Étienne Lamy XI), lieutenant criminel en l'élection de Limoges, faisait une transaction en 1669, dans laquelle il est dit Sr de Vivialle, héritier de feu Étienne Lamy, son père ; épousa Anne Vidaud (1), dont il eut treize enfants, qui

----

(1) Un messire Vidaud, comte du Doignon, seigneur du Carrier, était membre de l'Assemblée de la noblesse en 1789, ainsi qu'il résulte du procès-verbal de l'Assemblée des trois Ordres réunis dont M. Nivet-Fontaubert est le possesseur.

étaient tous morts à l'époque où l'on écrivait la généalogie qui nous a fourni ces indications, à l'exception de Quitterie Lamy, qui épousa Antoine Challis, capitaine commandant le vaisseau de guerre des termes du Roi.

X *bis.* — Martial Lamy (voir son frère Martial au X), Sr de Mazières en 1443, eut pour fils François Lamy, Sr de Mazières, *qui suit.*

XI. — François Lamy fit son testament le 16 juin 1655, par lequel il fit sa fille Marie héritière universelle. Il se maria deux fois : du premier lit, il eut Jean Lamy, Sr de Montvallier, *qui suit*, et du second, Marie.

XII. — Jean Lamy, Sr de Montvallier, épousa Suzanne de Villebois; ils firent un testament mutuel le 28 novembre 1657, reçu par Coddet, notaire à Saint-Junien. Jean choisit sa sépulture dans sa chapelle, dans l'église de Saint-Junien.

§ 5.

VIII *quinto.* (Voir VIII *ter*, VIII *bis*, etc.) — Joseph Lamy, procureur du roi, eut pour fils Joseph, *qui suit.*

IX. — Joseph Lamy, avocat, eut pour fils Jacques Lamy, *qui suit.*

X. — Jacques Lamy, Sr de Luret, assesseur à la sénéchaussée du Limousin.

La famille Lamy devint, dans le XVIe siècle, propriétaire du fief de Luret. Jacques est le premier qui en porta le nom.

DOCUMENTS

PROVENANT DES PAPIERS DE LA FAMILLE

LAMY DE LA CHAPELLE (1).

Léonard Lamy, notaire à Limoges, était mort en 1519. Il avait pour enfants :

1° Jean Lamy, licencié ès-lois, avocat au parlement de Bordeaux, 1531 ;

2° Léonard Lamy.

Ces deux frères firent une vente le 24 octobre 1519.

XI. (Voir plus haut, à la généalogie.) — François Lamy, Sr de Mazières et de Montvallier, juge-vigier de la police de Saint-Junien, épousa, par contrat du 10 septembre 1628, Jeanne de La Pierre, fille de Léonard de La Pierre, qui était curatrice de Marie, sa fille, en 1660. Par son testament du 10 juin 1655, François Lamy institua Marie, sa fille, héritière universelle.

De ce mariage naquirent :

1° Jean, *qui suit* ;

2° Marie, qui épousa, par contrat du 3 septembre 1668, Martial Lamy, fils d'Étienne Lamy, lieutenant-criminel

(1) Ces documents sont cités textuellement

en l'élection de Limoges, Elle avait fait une transaction, le 2 septembre 1663, avec son frère Jean, par laquelle elle lui laissait le fief de Montvallier, situé à Saint-Junien.

XII. (Voir plus haut, à la généalogie.) — Jean Lamy, Sʳ de Mazières et de Montvallier, épousa Suzanne de Villebois. Le 28 novembre 1657, ils firent un testament mutuel, par lequel tous leurs biens devaient rester au survivant. Jean Lamy mourut en juillet 1686. Suzanne mourut peu après, laissant sa succession à son frère, Charles de Villebois, juge de Bretagne.

DOCUMENTS EMPRUNTÉS

AUX MANUSCRITS DU GRAND-SÉMINAIRE

DE LIMOGES.

François Lamy, élu par le roi au haut pays du Limousin, nommait à la vicairie de Saint-Thomas, fondée à la cathédrale de Limoges; il vivait en 1524; il fut élu consul de Limoges en 1500. Il habitait la maison du Portail-Imbert où était la statue du patriarche. Il eut pour fils Jean, *qui suit*.

Jean Lamy, aussi élu au haut pays du Limousin. Ses enfants furent :

1º Étienne, *qui suit*;

2º Peyronne;

3º Marie, qui épousa Paul de Gay, conseiller du roi.

Étienne Lamy, prévôt de Limoges, eut pour fils Martial, *qui suit.*

Martial Lamy, qui, en 1582, était prévôt, juge criminel et lieutenant de la cour ordinaire de Limoges, eut pour fils Samuel, *qui suit.*

Samuel Lamy, Sr de Brutine (*alias* Béritine), commissaire-certificateur des criées et subhastations, eut pour fils :

1º François ;
2º Martial ;
3º Henri.

REGISTRES CONSULAIRES DE LIMOGES.

Léonard Lamy, notaire à Limoges, 1508.

Mer l'eslu François Lamy, 1509 (consul).

Jehan Lamy, licencié en lois, avocat à la cour, 1511.

François Lamy, eslu au haut pays du Limousin, 1511.

Me Léonard Lamy, élu centenier, 1522.

Me Léonard, élu consul, 1524.

Leonardo Amici, graffario regio, consul, 1525.

Lamy, greffier, 1533.

Me Jean Lamy, élu conseiller et collecteur pour le quartier de la Boucherie, 1536.

Me Jean Lamy, élu consul, fit la harangue à Marguerite de Navarre, 1537.

Jehan Lamy, député à Paris à propos du procès des consuls avec le roi de Navarre, 1537.

Étienne Lamy, soi-disant prévôt du vicomte, 1542.

Me François Lamy, lieutenant particulier, et Lamy, greffier, 1542.

Jehan Lamy, élu partisseur des tailles pour le quartier de la Boucherie, 1543.

Me Jehan Lamy, élu par le quartier de la Boucherie pour s'entendre avec les consuls, à propos du procès de la ville avec le roi de Navarre, 1545.

LISTE DES LAMY CONSULS A SAINT-JUNIEN (1).

1o F. Lamy, 1510.

2o Léonard Lamy, 1524.

3o J. Lamy, 1537.

4o Martial Lamy, 1602.

5o Jehan Lamy, 1604.

6o Joseph Lamy, 1611.

(1) Extrait de la *Chronique de Maleu*.

7º Jacques, assesseur, 1650.

8º François Lamy, 1650.

9º François Lamy de Mazières, 1652.

10º Jean Lamy, 1668.

11º Jean Lamy de Montvallier, 1676.

12º Martial Lamy, 1678.

13º Junien Lamy, 1737.

NOTES ISOLÉES.

On trouve dans les manuscrits de Nadaud une inscription de l'église de Saint-Jean-en-Saint-Étienne, sous la date de 1312; elle se rapportait à une fondation de messes faite par un membre de la famille Lamy, qui avait constitué pour cet effet une rente de 16 sols. (ALLOU.)

Lamy, évêque de Sarlat, portait *de gueules à un arbre d'or*. (*Armorial du Périgord.*)

Élie Lamy, chanoine de Limoges en 1370, est cité dans les lettres des priviléges de la cité de Limoges. (*Bull. Soc. Arch. Lim.*, т. XVIII, p. 117.) Il résidait à Limoges en 1373. (*Annales de Limoges*, p. 664.)

Jean Lamy, sieur de Croix-de-Verd, paroisse de Saint-Cire, élection de Saintes, fut trouvé gentilhomme en 1598. (NADAUD, *Nobiliaire manuscrit.*)

L...... Amici, clericus, 1490.
Léonard Lamy, 1491.
Jeanne Lamy, veuve de Jérôme de Beaubreuil, 1596. (*Titres de la vicairie des Gautiers*, à Saint-Martial de Limoges.)

Bonaventure Lamy, seigneur de Loury (probablement Luret), épousa Louise de La Marche, dont Gabrielle, mariée à Baptiste de La Châtre, sieur de Bruillebant, maître d'hôtel de la reine Marguerite de Valois. (SIMPLICIEN, T. VII, p. 374. — NADAUD, *Nobiliaire manuscrit.*)

N...... Lamy, sous-lieutenant au 21e régiment d'infanterie de ligne, nommé chevalier de Saint-Louis en 1723. (*Histoire de l'Ordre de Saint-Louis*, T. III, p. 257.)

N...... Lamy, major du régiment de Septimanie-dragons, nommé chevalier de Saint-Louis le 17 avril 1748. Il était cadet dans Dauphin-dragons en 1729, cornette en 1733, lieutenant en 1743, aide-major dans Septimanie le 1er mars 1744; rang de capitaine, 1745; major du 20 avril 1747 au 20 janvier 1749, date du licenciement du régiment. (*Histoire de l'Ordre de Saint-Louis*, T. III, p. 551.)

N...... Lamy, garde-meuble sous le roi Henri IV, 1593 à 1610. (*Extrait des registres du Grand-Séminaire.*)

Jean Lamy, consul de Limoges, qui fit une harangue à Marguerite de Navarre le 28 décembre 1537. (Ce doit être le mari de Paulye de Juge.)

—

Catherine Lamy, épouse d'Albert de Reynou, vivait en 1627 et 1649. (*Limoges au* XVIIe *siècle*, par P. LAFOREST.)

—

Marguerite Lamy (en langue du temps *Amyge*) était la douzième abbesse de Saint-Laurent-les-Alloix, de 1343 à 1357; elle avait sous sa conduite soixante filles nobles. (*Guide de l'étranger dans la Haute-Vienne.*)

—

Jean Lamy, chanoine, — Jean Lamy, procureur, — Jeanne Lamy, vivaient en 1598.

—

Antoine Lamy, écuyer, seigneur de Boiscontaud, lieutenant de dragons au régiment de Hautefort, fils de Jean-Louis Lamy, écuyer, épousa, par contrat du 6 février 1706, Louise de Saunade, fille de Gilbert de Saunade IIe du nom, écuyer, seigneur de Vauchaussade, et de Marguerite de Montgrut. (*Généalogie Saunade.*)

—

Un Joseph Lamy de Luret était consul en 1712. — Un Lamy de Luret de La Chapelle était adjoint au maire en 1761. (*Guide de l'étranger dans la Haute-Vienne.*)

—

Les restes du patriarche Guillaume Lamy furent portés dans la chapelle de Carmelo, où il avait fondé une vicairie dite du Bienheureux Patriarche Lamy. A la cérémonio de sa translation, le 9 juin 1300, il se fit plusieurs miracles, dont on grava le détail sur une lame de cuivre attachée à son tombeau, placé derrière le maître-autel de la cathédrale de Saint-Étienne, lieu appelé la Carolle (1). (*Annales*; — *Guide de l'étranger*, etc.)

La famille Lamy de La Chapelle possède un sauf-conduit de Charles IX, daté de son camp du Petit-Limoges, 11 juin 1569. (*Guide de l'étranger* : voir la note, p. 87.)

Le 16 mars 1789, sous la présidence de messire Claude Annet, comte des Roys, grand-sénéchal du Haut-Limousin, assisté de messire Grégoire, baron de Roulhac, seigneur de La Borie et de Faugeras, conseiller et procureur général à Limoges, et de messire Pierre Lamy de La Chapelle, procureur du roi, a eu lieu, dans l'église du Collége de Limoges, l'assemblée des trois États de la sénéchaussée de Limoges. (Extrait de la copie du procès-verbal appartenant à M. Nivet-Fontaubert. — *Guide de l'étranger*, etc., p. 147.)

On trouve Lamy de Luret, curé de La Roche-l'Abeille, et Lamy de Luret, curé de Royère, portés dans les rangs du clergé; — Pierre Lamy de La Chapelle; Simon Lamy, écuyer, ancien gendarme de la garde, portés dans les rangs de la noblesse. (*Guide de l'étranger*, etc., p. 161, 171, 176.)

---

(1) Depuis, la famille Lamy de La Chapelle a fait transporter les restes du Patriarche dans une des chapelles latérales de Saint-Pierre; une inscription gravée sur une plaque de cuivre indique où reposent ces restes vénérés.

Sainct Amitius, enfant de Lymoges, florissoit en 1350 (lisez *Amicus* ou plutôt *Amici*, traduction latine du nom propre Lamy ou de Lamy); il fust XXI.e patriarche de Hiérusalem et évesque de Chartres. Apres son décedz, fust porté ensepvelir à l'église cathédralle de Sainct-Estienne de Lymoges, dans la chappelle de Carmelo, et fust relevé le 9 juin 1360. (Extrait du livre qui a pour titre : *Annales manuscrites de Limoges*; voir cet extrait à la page 231.)

CONTRADICTIONS.

D'après Collin, le patriarche Guillaume Lamy ne fut pas cardinal; — d'après l'*Histoire de Chartres*, par M. Doyen, il le fut avant d'être patriarche.

—

D'après Collin, c'est en revenant de Paris qu'il alla à Chartres, et fut nommé évêque; — d'après l'*Histoire de Chartres*, il était évêque d'Apt, en Provence, lorsqu'il fut nommé à Chartres; — d'après l'*Histoire de l'Église de Chartres*, il était archevêque d'Aix.

—

D'après Collin, il avait pour frères Ézéchias et Élie; — d'après toutes les généalogies manuscrites, son frère se nommait Mathieu.

D'après un document de M. Bardy, conseiller à la cour d'appel de Poitiers, et membre de plusieurs sociétés savantes, Jean Lamy maire de La Rochelle en 1335, épousa Paule de Juge; elle se remaria en 1346; — d'après les *Registres consulaires de Limoges*, T. I, p. 52, Jean Lamy et son épouse vivaient en 1511. — Les *Registres consulaires* étant d'une véracité incontestable, il est probable que M. Bardy doit faire erreur.

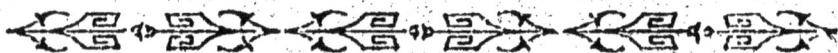

DEUXIÈME PARTIE.

—

DEPUIS 1500 JUSQU'A NOS JOURS (1873).

Cette deuxième partie de la Généalogie offre peu de contradictions, et semble tout à fait authentique. Nous aurions pu mentionner les parrains et marraines de la plus grande partie des enfants (1), ainsi que les noms des époux ou épouses de chacun d'eux; mais, afin de ne pas donner trop d'étendue à ce travail, nous nous sommes contenté de citer tous les enfants par leur nom de baptême, en ayant soin de donner, aussi exactement que possible, la date de leur naissance.

---

(1) Un livre très-ancien, contenant tous les actes de naissance des Lamy, depuis 1500 environ, écrit à la main de père en fils, est entre les mains de Théophile Lamy de La Chapelle, l'aîné de la famille.

Si, dans la première partie de cette Généalogie, nous nous sommes écarté de ce plan, c'est que les renseignements étaient plus rares, moins clairs que dans la deuxième : nous avons cru devoir mettre tous ceux que nous connaissions, sans altérer en rien les textes où nous les avons puisés.

§ 1.

I. — **François Lamy de Luret**, avocat du roi, eut trois enfants :

1o François, *qui suit* ;

2o Jean, curé de Nieul (*Niolii pastor*), puis chanoine de Limoges, 1574 ;

3o Joseph, assesseur royal de province, 1575.

II. — **François Lamy de Luret**, avocat royal en la sénéchaussée de Limoges, eut cinq enfants :

1o Jean, né le 2 novembre 1571 ;

2o N......., né le 17 janvier 1573, mort après avoir été baptisé ;

3o François, né le 18 décembre 1574 ;

4o N......, né le 18 janvier 1578, mort après avoir été baptisé ;

5o Jacques, curé de Peyrilhac, mourut à Luret, le 19 août 1644.

III. — **Joseph Lamy de Luret**, avocat du roi, eut douze enfants :

1o Jean, né le 13 mars 1604, fut chanoine de l'église de Limoges ;

2º Autre Jean, né le 13 septembre 1605, mourut le 20 janvier 1623;

3º Quitterie, née le 1er avril 1608;

4º Jacques, né le 23 décembre 1610, mourut le 14 mars 1614;

5º Françoise, née le 25 novembre 1613;

6º Siméon, né le 7 mai 1616, mourut le 17 août 1616;

7º Paula, née le 28 juin 1617, mourut le même jour;

8º Catherine, née le 30 mai 1618;

9º Jacques, *qui suit;*

10º Autre Paula, née le 28 janvier 1623;

11º Joseph, né le 25 février 1625, mourut le 27 juillet de la même année;

12º Antoine, né le 8 septembre 1626.

IV. — **Jacques Lamy de Luret**, né le 13 février 1621, eut quatorze enfants :

1º Marguerite, née le 25 septembre 1643, mourut en 1711;

2º Françoise, née le 10 juillet 1645;

3º Une fille, née le 27 septembre 1647, morte le même jour;

4º Paula, née le 30 août 1648;

5º Denise, née le 23 mai 1650, mourut le 23 décembre 1652;

6º Marie, née le 2 novembre 1651, mourut le 13 mai 1659;

7º Joseph, né le 4 juillet 1653, mourut le 22 décembre de la même année;

8º Autre Marie, née le 17 février 1668;

9º N...., née le 6 juin 1670;

10º Joseph, *qui suit;*

11º Autre Marie, née le 2 juillet 1674;

12° Jacques, né le 4 mai 1679;

13° Catherine, née le 9 novembre 1680;

14° Jean, né le 8 octobre 1683.

V. — **Joseph Lamy de Luret** (1), né le 24 juillet 1671, eut douze enfants :

1° Jeanne, née le 19 septembre 1704;

2° Jean-Baptiste, *qui suit;*

3° Léonard-Joseph, né le 20 janvier 1708, mourut le 10 janvier 1710;

4° Gabriel-Jacques, né le 10 janvier 1709, curé d'Ambazac;

5° Guillaume, né le 16 octobre 1711;

6° Marie, née le 6 novembre 1712;

7° Thérèse, née le 22 décembre 1713;

8° Catherine, née le 18 mai 1717, mourut au berceau;

9° Jean, né le 9 août 1718, religieux (2);

10° Léonard, né le 7 décembre 1719;

11° Joseph, né le 20 janvier 1723, curé de Compreignac et chanoine de Limoges, prieur de La Monge, mourut en 1785 ;

12° Jean, né le 10 août 1724.

VI. — **Jean-Baptiste Lamy**, écuyer, seigneur **de la Chapelle** et de **Luret**, secrétaire du roi, naquit le 9 septembre 1705, et mourut le 18 janvier 1777.

---

(1) Le beau-frère de Joseph Lamy de Luret. M. de la Chassagne lui donna le fief de la Chapelle, à la condition que son fils en porterait le nom. — C'est donc à partir de cette époque (vers 1680 environ) que les Lamy de Luret deviennent Lamy de la Chapelle.

(2) Un Jean Lamy de Luret était au séminaire en 1747 : peut-être est-ce celui-là.

Il eut treize enfants :

1° Anne, née le 1er août 1733 ;

2° Autre Anne, née le 4 novembre 1734, mourut le 8 octobre 1739 ;

3° Joseph, né le 13 avril 1736, prêtre, émigra pendant la Révolution ; était chanoine de Saint-Étienne en 1768, mourut le 16 juin 1805 ;

3° Thérèse, née le 28 mai 1737 ;

5° Pierre, *qui suit* (1) ;

6° Jean-Baptiste-Joseph, né le 2 janvier 1740, curé de Gublac : après la Révolution, il fut nommé grand-pénitencier et chanoine de la cathédrale ; il mourut le 3 août 1829 ;

7° Catherine, née le 3 juin 1741 ;

8° Siméon, né le 1er août 1742, gendarme de la garde du roi ;

9° Léonard-Joseph, né le 5 novembre 1743, curé de Royère-la-Roche-l'Abeille en 1768 : pendant la Révolution, il refusa, comme ses frères, le serment schismatique, et émigra avec l'un d'eux, accompagné par un vieux serviteur de la maison ;

10° Jean-Bonaventure, né le 14 juillet 1747, chanoine de Saint-Étienne : pendant la Révolution, il était détenu à la Règle ;

11° Marie-Thérèse, née le 26 octobre 1748, mourut le 8 novembre 1748 ;

12° Gabriel-Jacques, écuyer, né le 2 mars 1750, mourut, à Luret, le 26 novembre 1827 : il était gendarme de la garde du roi ;

13° Marie, née le 14 janvier 1752.

---

(1) Pendant la Révolution, Pierre était détenu ; lui et son épouse restèrent en prison pendant deux ans. A la mort de Robespierre, ils furent relâchés.

VII. — **Pierre Lamy de la Chapelle**, avocat au Parlement, puis procureur du roi aux siéges royaux, président - assesseur de la noblesse du Limousin à l'Assemblée générale de 1789, représentant national, naquit le 20 mai 1738 (1).

Il eut dix enfants :

1º Jean-Baptiste, né le 12 mars 1767, mourut, à la Chapelle, le 22 avril 1767;

2º Marie, née le 9 mars 1768, morte le 3 novembre 1780;

3º Autre Jean-Baptiste, *qui suit ;*

4º Joseph, né le 8 avril 1770, mourut en 1773;

5º Yrieix, né le 22 septembre 1771, rapporté § 2;

6º Autre Marie, née le 25 mars 1775, mourut le 11 juin de la même année;

7º Marie-Jeanne, née le 15 juin 1778;

8º Marie-Victoire, née le 1er mai 1770, morte au berceau;

9º Joseph, né le 10 juillet 1780, rapporté § 3;

10º Madeleine, née le 26 juin 1782.

VIII. — **Jean-Baptiste Lamy de la Chapelle**, né le 22 avril 1769, émigra pendant la Révolution, et, à son retour, était conseiller à la Cour royale; mourut le 17 octobre 1850, à l'âge de quatre-vingt-un ans (2).

_____

(1) C'est de son vivant que la propriété de Condadille entra dans la famille, par l'effet du testament du chanoine Baud de Lesserie, en 1775, en faveur de sa nièce, Anne Deschamps de Lacoste, épouse de Pierre Lamy de la Chapelle. (Extrait des papiers de la famille Lamy de la Chapelle.)

(2) Il est bien entendu que ce Jean-Baptiste est le frère aîné d'Yrieix et de Joseph, qui suivront : le premier, au nº VIII *bis*; le second, au nº VIII *ter*. — Le beau-père de ce Jean-Baptiste était Grégoire, baron de Roulhac, seigneur

Il eut quatorze enfants :

1° Catherine-Angélina, née le 3 novembre 1806, mourut le 28 septembre 1807 ;

2° Anne-Madeleine-Angélina, née le 26 juin 1809 ;

3° Amédée, né le 30 janvier 1811, prêtre de la Compagnie de Jésus, d'abord procureur de la province du Midi, puis supérieur de la résidence de Limoges ;

4° Joseph-Théophile, *qui suit;*

5° Catherine-Laure, née le 13 juin 1813, morte en 1836 ;

6° Madeleine-Alexandrine, née le 28 août 1814 ;

7° Valérie-Benjamine, née le 29 février 1816, morte le 20 juillet 1823 ;

8° Anne-Madeleine-Clara, née le 18 juin 1817 ;

9° Marie-Jeanne-Octavie, née le 17 avril 1819, fut supérieure aux Filles-de-Notre-Dame à Limoges, mourut le 7 mai 1868 ;

10° Henri-Joseph, né le 3 octobre 1820 ;

11° Ludovic-Jean, né le 22 août 1822, rapporté § 4 ;

12° Martial-Alexandre, né le 30 juin 1824, mort le 14 juin 1844 ;

13° Madeleine-Benjamine, née le 23 août 1825, religieuse aux Filles-de-Notre-Dame ;

14° Henri-Ernest, né le 26 août 1827, rapporté § 5.

IX. — **Théophile Lamy de la Chapelle**, avocat, né le 15 avril 1812, eut deux enfants :

---

de La Borie et de Faugeras, conseiller du roi, lieutenant général de la sénéchaussée et siége présidial de Limoges, représentant national. Il était, avec Pierre Lamy de la Chapelle, un des trois assesseurs du président de l'Assemblée de la noblesse à la réunion générale de 1789. (Extrait du procès-verbal que possède M. Nivet-Fontaubert.)

1º Éléonore-Henriette, née le 5 juin 1843, religieuse au Sacré-Cœur ;

2º Jean-Baptiste-Henri, *qui suit*.

X. — **Henri Lamy de la Chapelle**, né le 22 juillet 1846, licencié en droit, s'engagea dans les zouaves pontificaux, pour la défense de Pie IX et de l'Église (1).

§ 4.

IX *bis*. — **Ludovic Lamy de la Chapelle** (2)

---

(1) Henri Lamy de la Chapelle a été décoré des médailles d'or *Bene merenti* et de Mentana, chevalier de l'Ordre Pontifical de Pie IX. Sa Sainteté a daigné envoyer une bénédiction spéciale à Henri Lamy de la Chapelle à l'occasion de son mariage, ainsi qu'il résulte d'une lettre de Mgr l'Évêque de Limoges, datée de Rome, pendant le Concile du Vatican :

« Rome, le 4 décembre 1869.

» MONSIEUR,

» J'ai reçu hier votre lettre, et je m'empresse de vous féliciter, vous et
» votre fils. En vous envoyant mes sincères félicitations, je ne suis que l'écho
» des Zouaves, qui ont gardé le meilleur souvenir de votre fils.

» Ce matin, pendant que plus de soixante prêtres, qui avaient accompagné
» leurs évêques, baisaient deux à deux les pieds du Pape, je me suis appro-
» ché du Saint-Père, et lui ai demandé, à l'oreille, une bénédiction particu-
» lière pour l'un des plus braves défenseurs de son droit, qui est en même
» temps le fils d'un de mes meilleurs diocésains, à l'occasion de son prochain
» mariage.

» Le Saint-Père a daigné accueillir ma prière, et me dire qu'il bénissait
» de tout son cœur ce jeune-homme et sa fiancée. En vous transmettant cette
» grande bénédiction, j'y joins tous mes vœux et l'assurance de mes senti-
» ments affectueux et dévoués.

» Signé : † FÉLIX,

» Évêque de Limoges. »

(2) Le beau-père de Ludovic, M. Paul de Lavergne, était garde-du-corps

(frère de Théophile et d'Ernest), chef d'escadrons au 5ᵉ régiment de dragons, naquit le 22 août 1822.

Quatre enfants :

1º Gaston, né le 8 octobre 1852, mort le 25 février 1857 ;

2º Xavier, né le 6 décembre 1853 ;

3º Albert, né le 7 juillet 1856 ;

4º Berthe, née le 9 juin 1865.

§ 5.

IX *ter.* — **Ernest Lamy de la Chapelle** (frère de Théophile et de Ludovic), né le 26 septembre 1827.

Sept enfants :

De son premier lit (Marie de Heurtaumont) :

1º Henri-Marie-Roger, né le 24 juillet 1858 ;

2º Gaëtan, né le 9 février 1861, mort au berceau ;

3º Geneviève, née le 1ᵉʳ juillet 1863, morte au berceau ;

De son second lit (Marguerite de Vanssay) (1) :

4º Jeanne-Marie, née le 22 novembre 1866 ;

5º Marie-Marthe, née le 18 février 1867 ;

6º Suzanne-Marie-Gabrielle, née le 28 mars 1869 ;

7º Berthe-Marie-Nelly, née le 10 août 1870.

---

de Sa Majesté le roi Charles X ; il se trouvait être de garde le jour de la naissance du comte de Chambord, et eut l'honneur de lui présenter les armes et de le voir de près un des premiers. Il mourut le 13 juin 1871.

(1) La famille de Vanssay, descendant des ducs de Bretagne, comptait plusieurs de ses membres dans les guerres des croisades. Elle a pour devise : *Le courage chez eux a l'âge devancé.* En ce moment (1873), un de Vanssay est secrétaire de Mgr le comte de Chambord.

§ 2.

Branche des de Luret.

VIII bis. — **Yrieix Lamy de la Chapelle** (frère de Jean-Baptiste et de Joseph), nommé **de Luret**, pour le distinguer de ses frères, naquit le 22 septembre 1771, et mourut le 28 juin 1852, à quatre-vingt-un ans.

Il eut huit enfants :

1o Martial, avocat, né le 20 décembre 1799, mort le 9 février 1823;

2o Pierre-Édouard, *qui suit;*

3o Martial-Gustave, né le 5 septembre 1806, et mort le 3 janvier 1820;

4o Gabriel, né le 21 novembre 1807, prêtre de la Compagnie de Saint-Sulpice, décédé, en odeur de sainteté, au grand-séminaire de Limoges, le 6 janvier 1854;

5o Marie-Joséphine-Benjamine, née le 24 juillet 1809, morte le 17 septembre 1829;

6o Madeleine-Paméla, née le 16 janvier 1811, morte le 22 septembre 1820;

7o Catherine-Joséphine-Eugénie, née le 22 octobre 1813;

8o Octave-Joseph, né le 17 mars 1818.

IX. — **Édouard Lamy de la Chapelle**, botaniste, membre de plusieurs sociétés savantes, auteur de divers opuscules sur les plantes du Limousin et du plateau central de la France, naquit le 7 septembre 1804.

Il eut huit enfants :

1o et 2o Marthe et Marie, jumelles, nées le 23 décembre 1837;

3º Gabriel-Amédée, *qui suit ;*

4º Jean-Baptiste-Frédéric, né le 4 février 1841, mort au berceau ;

5º Anne-Hélène, née le 26 juin 1842 ;

6º Pierre-Édouard, né le 29 août 1843, P. de la Compagnie de Jésus ;

7º Joseph-Ferdinand, né le 30 juillet 1845 ;

8º Charles-Édouard, né le 2 décembre 1849.

X. — **Amédée Lamy de la Chapelle**, né le 3 juillet 1839, eut deux enfants :

1º Marie, née le 26 mars 1870 ;

2º Joseph, né le 15 octobre 1872.

§ 3.

Branche des de Juriol

VIII *ter*. — **Joseph Lamy de la Chapelle** (frère de Jean-Baptiste et d'Yrieix), appelé **de Juriol** pour le distinguer de ses frères, naquit le 10 juillet 1780, et mourut, comme ses frères, environ à l'âge de quatre-vingts ans. Il eut six enfants :

1º Marie-Thérèse-Félicie, née le 13 février 1808 ;

2º Anne-Madeleine-Céline, née le 2 juin 1810, morte le 30 mai 1851 ;

3º Gabriel-Jean-Baptiste-Joseph, *qui suit ;*

4º Gabriel-Jules, né le 14 octobre 1815, rapporté § 6 ;

5º Yrieix-Joseph-Charles, né le 27 mai 1818, rapporté § 7 ;

6º Joseph, né le 4 mars 1821, rapporté § 8.

IX. — **Gabriel Lamy de la Chapelle**, né le 14 septembre 1813, mort le 6 décembre 1859, eut quatre enfants :

1º Marguerite, née le 9 avril 1853 ;
2º Joséphine, née le 13 juillet 1855 ;
3º Auguste, né le 21 août 1857 ;
4º Céline, née le 21 avril 1859.

§ 6.

IX *bis*. — **Jules Lamy de la Chapelle**.
Trois enfants :

1º Thérèse, née le 24 janvier 1851, morte le 15 mai 1871 ;
2º Charles, né le 23 juillet 1862 ;
3º Joseph, né le 1er mai 1865.

§ 7.

IX *ter*. — **Charles Lamy de la Chapelle**.
Trois enfants :

1º Marie-Madeleine-Joséphine, née le 10 mars 1854 ;
2º Jean-Baptiste-Joseph, né le 1er octobre 1855 ;
3º Jacques - François - Ernest - Marie - Fernand, né le 15 août 1856.

§ 8.

IX *quater*. — **Joseph Lamy de la Chapelle**.
Une fille :

1º Marie-Thérèse, née le 23 mai 1864.

En résumant, et partant de **Jean Lamy**, père du Patriarche, nous trouvons :

Jean, en 1260 ;
Le Patriarche Lamy (*Amici*), en 1305 ;
Élie, chanoine ; — Ézéchias (1) ;
Jean, maire de La Rochelle, puis
    là gentilhomme, 1335 ;
Horace.

LAMY.

Jean, premier écuyer, 1428 ;
Jean, deuxième écuyer ;
Jean, notaire royal ;
Léonard.

LAMY
DE
MONTVALLIER.

François, avocat du Roi, 1500 ;
François, avocat royal, 1550 ;
Joseph, avocat royal, 1580 ;
Jacques, 1621 ;
Joseph, 1671.

LAMY
DE
LURET.

(1) Ceci dit en admettant la version de Collin, qui a écrit la Vie du Patriarche.

Jean-Baptiste, écuyer, secrétaire
du Roi, 1705;

Pierre, écuyer, procureur du Roi
et vice-président de l'Assemblée
de la noblesse, 1789;

Branche aînée :

Jean - Baptiste, conseiller à la
Cour, 1769 :

Amédée, P. Jésuite; — Théophile,
avocat, et son fils Henri;—Henri;
— Ludovic, officier supérieur, et
ses fils Xavier et Albert; —
Alexandre; — Ernest et son fils
Roger.

Branche cadette :

Yrieix, 1771 :

Martial, avocat; — Gustave; —
— Gabriel, sulpicien; — Octave;
— Édouard, botaniste, et ses fils;
— Amédée et son fils Joseph; —
Édouard, P. Jésuite; — Ferdi-
nand et Charles.

Troisième branche :

Joseph, 1780 :

Gabriel, et son fils Auguste; —
Jules et ses fils Charles et Joseph; — Charles et ses fils Joseph et Fernand; — Joseph.

LAMY

DE

LA CHAPELLE.

Limoges et Paris — Imp. Chapoulaud frères.

www.ingramcontent.com/pod-product-compliance
Lightning Source LLC
Chambersburg PA
CBHW070935280326
41934CB00009B/1881